# Um pedido de socorro

Sociedade Bíblica do Brasil
Barueri, SP

**Semeando a PALAVRA que transforma VIDAS**

**Um pedido de socorro**
Publicado originalmente em inglês sob o título
*"The Lord Hears Your Cries"*
© American Bible Society

**Edição em português:**
© Sociedade Bíblica do Brasil
Av. Ceci, 706 – Tamboré
Barueri, SP – CEP 06460-120
Cx. Postal 330 – CEP 06453-970
www.sbb.org.br – 0800-727-8888
Todos os direitos reservados

**Texto bíblico:**
Nova Tradução na Linguagem de Hoje
© Sociedade Bíblica do Brasil, 2000

**Tradução:**
Daniele M. Damiani

**Revisão e edição:**
Sociedade Bíblica do Brasil

**Capa, projeto gráfico e diagramação:**
Sociedade Bíblica do Brasil

ISBN: 978-85-311-1238-6

NTLH560D – Impresso no Brasil – 2020

# Sumário

Uma mensagem para você
em meio ao sofrimento ............................ 5

Introdução ................................................. 7

Capítulo 1 .................................................. 9
  *Choque e incredulidade*

Capítulo 2 ................................................ 13
  *Culpa e dor*

Capítulo 3 ................................................ 23
  *Isolamento e medo*

Capítulo 4 ................................................ 31
  *Raiva e ressentimento*

Capítulo 5 ................................................ 41
  *Depressão e baixa autoestima*

Capítulo 6 ................................................ 51
  *Reconstruindo sua vida*

Capítulo 7 ................................................ 61
  *Aceitação e paz*

*Uma bênção para você* .............................. 67

Índice de textos bíblicos ......................... 69

# Uma mensagem para você em meio ao sofrimento

Nosso mais sincero desejo é que os textos bíblicos deste livreto lhe tragam conforto durante o seu sofrimento. A fim de ajudar e conduzir você em sua leitura, oferecemos as seguintes sugestões:

**Comece** com uma oração. Peça para Deus confortar e fortificar você com as palavras provenientes das Sagradas Escrituras.

**Verifique** a página Índice. Encontre o capítulo que aborda os seus sofrimentos e leia as passagens que expressam o que você está sentindo naquele momento.

**Reflita** sobre as perguntas contidas no capítulo lido.

**Permita-se** liberar as emoções que está sentindo: depressão, raiva, dor, culpa, solidão, autopiedade, desespero, amargura ou qualquer outra. Reconhecer o seu sentimento ajudará a lidar com elas.

**Conclua** o seu tempo de reflexão com uma oração, pedindo a Deus para abençoar o que você leu.

**Copie** os versículos bíblicos ou passagens com significado especial para você e leve-os consigo. Reflita a respeito deles durante o dia.

**Grave** todos os seus textos bíblicos favoritos deste livrete e ouça-os em momentos silenciosos. Ao acordar pela manhã, ouça novamente, refletindo sobre os versículos e pedindo a Deus para estar com você durante o dia.

**Encontre-se** com outras pessoas nas quais confia a fim de discutir o que você está vivenciando e aquilo que você acredita que Deus está falando nas Escrituras.

**Procure** em sua comunidade pessoas ou meios que forneçam ajuda médica, legal e psicológica para você e para os demais membros da família afetados pela situação.

**Sinta-se** encorajado por esta oração de ajuda:

> Mas tu, ó Deus, vês e percebes
>    o sofrimento e a tristeza
> e sempre estás pronto para ajudar.
> Os que não podem se defender
>    confiam em ti;
> tu sempre tens socorrido
>    os necessitados.
>
> Tu ouvirás os gritos
>    dos oprimidos e dos necessitados
> e julgarás a favor deles. *Salmo 10.14,18a*

# Introdução

Alguma vez você já sofreu agressão física ou apanhou de uma pessoa na qual confiava e amava? Já teve de aguentar a humilhação de insultos e acusações? Você vive com medo por causa das ameaças feitas a você ou a outros a quem ama?

Quando uma pessoa que amamos comete tais abusos, é comum sentir uma certa confusão. Possivelmente, em sua dor, existam diversos sentimentos: incredulidade, choque, raiva, culpa, medo. Sentimentos opostos podem se fazer presentes ao mesmo tempo: talvez, raiva e dependência, amor e dor, mágoa e necessidade. Todos esses sentimentos são naturais e devem ser identificados.

Expresse seus sentimentos em um lugar seguro. Analisando seus sentimentos de maneira honesta, sejam eles quais forem, você conseguirá encontrar a solução certa para a sua situação. Independente da sua situação, o abuso tem de acabar. Coloque sua confiança em Deus e deixe o Senhor ser o seu protetor e guiar você a um lugar seguro.

A violência doméstica pode terminar com morte. Por isso, os seus interesses práticos por proteção, segurança, intervenção e tratamento são vitais. As questões que veem à tona quando a violência doméstica acontece nunca são simplesmente religiosas ou seculares. É importante valer-se tanto das fontes religiosas quanto das seculares para ajuda. O uso dos recursos médicos, legais e psicológicos da comunidade são fortemente indicados a fim de ajudar a lidar com as questões práticas relacionadas com a reconstrução de sua vida.

Que Deus seja o seu conforto quando você se refugiar nas palavras de Jesus, do apóstolo Paulo, do rei Davi, de Jó, dos profetas e dos escritores dos Salmos. Em meio ao sofrimento que viveram, todos expressaram a sua dor diante de Deus.

Jesus carregou a pesada carga da cruz enquanto se dirigia para a morte. Jesus compreende seu sofrimento porque ele mesmo sofreu. Quando você coloca sua confiança nele, ele promete tomar sobre si a sua carga pesada e torná-la leve. Jesus sempre será o seu descanso quando você se achegar a ele para descansar, pois ele entregou a sua vida por amor a você.

— Venham a mim, todos vocês que estão cansados de carregar as suas pesadas cargas, e eu lhes darei descanso. Sejam meus seguidores e aprendam comigo porque sou bondoso e tenho um coração humilde; e vocês encontrarão descanso. Os deveres que eu exijo de vocês são fáceis, e a carga que eu ponho sobre vocês é leve. *Mateus 11.28-30*

## Capítulo 1

# CHOQUE E INCREDULIDADE

### "Você diz que me ama...
### Como pode me machucar?"

*Quando você ama alguém, mas essa pessoa machuca e é abusiva com você, talvez você fique em choque. Negar a realidade do abuso e arrumar desculpas para o ofensor são reações comuns. Você pode tentar negar a violência perguntando-se: "Não posso acreditar nisso; como isso pôde acontecer?" Deus compreende sua confusão. O Senhor conhece o sofrimento que você enfrenta quando sua confiança é traída pela violência.*

### Mas ela era a pessoa mais chegada, aquela em quem eu mais confiava.

Ouve a minha oração, ó Deus!
Não deixes de atender o meu pedido.
Escuta-me e responde.
As minhas aflições
   me deixam desgastado.
Eu tremo quando ouço as ameaças
   dos meus inimigos;
a perseguição dos maus me esmaga.
Eles fazem com que desgraças
   caiam sobre mim;
estão com raiva de mim e me odeiam.

O meu coração está cheio de medo,
e o pavor da morte cai sobre mim.
Sinto um medo terrível e estou tremendo;
o pavor tomou conta de mim.
Ah! Se eu tivesse asas como a pomba,
voaria para um lugar de descanso!

Fugiria para bem longe
e moraria no deserto.
Bem depressa procuraria achar
   um lugar seguro
para me esconder da ventania e da tempestade.

Não era um inimigo
   que estava zombando de mim;
se fosse, eu poderia suportar;
nem era um adversário
   que me tratava com desprezo,
pois eu poderia me esconder dele.
Porém foi você mesmo,
   meu companheiro,
meu colega e amigo íntimo!

O meu antigo companheiro
   atacou os seus próprios amigos
e quebrou as promessas
   que havia feito a eles.
As palavras dele eram mais macias
   do que a manteiga,
mas no seu coração havia ódio.

*Salmo 55.1-8,12-13,20-21a*

### Jesus compreende o seu sofrimento

*Jesus, o fiel Filho de Deus, também sofreu amargamente uma traição. Judas Iscariotes, amigo e discípulo, traiu Jesus com um beijo. Depois de ter sido preso, Jesus ainda foi ridicularizado, cuspido, torturado e pregado na cruz.*

### Ele foi traído

Jesus ainda estava falando, quando chegou Judas, um dos doze discípulos. Vinha com ele uma multidão armada com espadas e porretes, que tinha sido mandada pelos chefes dos sacerdotes, pelos mestres da Lei e pelos líderes judeus. O traidor tinha combinado com eles um sinal. Ele tinha dito: "Prendam e levem bem seguro o homem que eu beijar, pois é ele."

Logo que chegou perto de Jesus, Judas disse:
— Mestre!
E o beijou. Então eles pegaram Jesus e o prenderam.

Marcos 14.43-46

### Ele foi ridicularizado

Aí os soldados levaram Jesus para o pátio interno do Palácio do Governador e reuniram toda a tropa. Depois vestiram em Jesus uma capa vermelha e puseram na cabeça dele uma coroa feita de ramos cheios de espinhos. E começaram a saudá-lo, dizendo:
— Viva o Rei dos Judeus!

Batiam na cabeça dele com um bastão, cuspiam nele e se ajoelhavam, fingindo que o estavam adorando. Depois de terem caçoado dele, tiraram a capa vermelha e o vestiram com as suas próprias roupas. Em seguida o levaram para fora a fim de o crucificarem.

Marcos 15.16-20

### Pare e pergunte a si mesmo...

*Eu estou me iludindo? Estou negando os meus sentimentos? Estou com medo de enfrentar meus sentimentos? Estou sentindo como se minha confiança tivesse sido quebrada? Sinto-me traído? Sou capaz de sentir a presença de Deus em meio aos meus sentimentos?*

*Depois de sofrer abuso, talvez, você sinta como se sua confiança nas pessoas e em Deus tivesse sido prejudicada. Deus pode restabelecer o sentido saudável da confiança: a confiança de que, mesmo que determinadas pessoas tenham desapontado você, nem todas farão o mesmo e, por fim, Deus é sempre confiável.*

Ó Senhor Deus, a ti dirijo
a minha oração.
Meu Deus, eu confio em ti.

Salva-me da vergonha da derrota;
não deixes que os meus inimigos
se alegrem com a minha desgraça.
Os que confiam em ti não sofrerão
a vergonha da derrota,
mas serão derrotados os que sem motivo
se revoltam contra ti.

Ó Senhor, ensina-me
os teus caminhos!
Faze com que eu os conheça bem.
Ensina-me a viver
de acordo com a tua verdade,
pois tu és o meu Deus,
o meu Salvador.
Eu sempre confio em ti.   *Salmo 25.1-5*

**Capítulo 2**

# CULPA E DOR

**"Talvez, se eu fizer mais, o abuso pare."**

*O tormento de ser violentamente agredido por uma pessoa que você ama pode fazer com que surjam sentimentos de culpa, apesar de não ter cometido falta alguma. Você pode se sentir culpado, como se tivesse trazido a violência sobre si mesmo. Talvez, esteja se questionando: "Se eu pelo menos fosse uma pessoa melhor", "Se ao menos eu tivesse feito mais para agradar".*
*No entanto, não é culpa sua. Você não é responsável por fazer a pessoa amada abusar de você. O abuso é sempre uma escolha feita pelo ofensor. Ninguém tem o direito de tratar você com violência.*

### Você é precioso para Deus

Certamente vocês sabem que são o templo de Deus e que o Espírito de Deus vive em vocês. Assim, se alguém destruir o templo de Deus, Deus destruirá essa pessoa. Pois o templo de Deus é santo, e vocês são o seu templo.

*1Coríntios 3.16-17*

### Você está limpo

*Talvez você leve sobre si um grande peso, sentindo-se indigno e imundo quando o ofensor lhe trata com desprezo e abuso. Deus, entretanto, vê você como digno e limpo.*

Vocês foram libertados pelo precioso sangue de Cristo, que era como um cordeiro sem defeito nem mancha. Ele foi escolhido por Deus antes da criação do mundo e foi revelado nestes últimos tempos em benefício de vocês. Por meio dele vocês creem em Deus, que o ressuscitou e lhe deu glória. Assim a fé e a esperança que vocês têm estão firmadas em Deus.

Agora que vocês já se purificaram pela obediência à verdade.
*1Pedro 1.19-22a*

Agradeçamos ao Deus e Pai do nosso Senhor Jesus Cristo, pois ele nos tem abençoado por estarmos unidos com Cristo, dando-nos todos os dons espirituais do mundo celestial. Antes da criação do mundo, Deus já nos havia escolhido para sermos dele por meio da nossa união com Cristo, a fim de pertencermos somente a Deus e nos apresentarmos diante dele sem culpa.

Por causa do seu amor por nós, Deus já havia resolvido que nos tornaria seus filhos, por meio de Jesus Cristo, pois este era o seu prazer e a sua vontade. Portanto, louvemos a Deus pela sua gloriosa graça, que ele nos deu gratuitamente por meio do seu querido Filho. Pois, pela morte de Cristo na cruz, nós somos libertados, isto é, os nossos pecados são perdoados. Como é maravilhosa a graça de Deus, que ele nos deu com tanta fartura!

Deus, em toda a sua sabedoria e entendimento, fez o que havia resolvido e nos revelou o plano secreto que tinha decidido realizar por meio de Cristo. Esse plano é unir, no tempo certo, debaixo da autoridade de Cristo, tudo o que existe no céu e na terra.
*Efésios 1.3-10*

### Pare e pergunte a si mesmo...

*Eu me sinto culpado e sem valor? Eu me sinto responsável a ponto de não conseguir agradar outras pessoas, por mais que eu tente? Como me sinto com relação a Deus? Posso voltar-me a Deus em minha dor?*

## Deus é bondoso e amoroso

A pergunta de quem sofre e o porquê de tal sofrimento não deve ser simplificada por meio de explicações fáceis; o sofrimento de uma pessoa não é sinal automático de que ela tem culpa. Também, tentar ter uma vida virtuosa não protege a pessoa de ser ofendida. Deus não está castigando você. O fato de alguém fazer com que você sofra precisa ser visto na perspectiva correta. Não se trata de um castigo por um pecado que você cometeu; trata-se, isto sim, de um pecado daquele que abusa de você.

A Bíblia contém exemplos de pessoas inocentes que sofreram. Jó foi um homem íntegro que sofreu. Eliú, amigo de Jó, sabia que ele era um homem inocente. Eliú compreendia a frustração de Jó em seu longo sofrimento. Embora Jó estivesse sofrendo, seu amigo sabia que Deus é um Deus bondoso e amoroso. Jó sempre confiou que Deus estava com ele e o ajudava em meio ao seu sofrimento.

Eliú disse a Jó:

> "Tenha um pouco mais de paciência,
> pois ainda vou lhe mostrar que tenho outras
>     coisas a dizer a favor de Deus.
> Usarei os meus profundos conhecimentos
> para mostrar que Deus, o meu Criador, é justo.
> Tudo o que vou dizer é verdade;
> quem está falando com você é realmente um sábio.
> Como Deus é poderoso!
> Ele não despreza ninguém.
> Deus sabe todas as coisas.
> Ele não deixa que os maus continuem vivendo
> e sempre trata os pobres com justiça." Jó 36.2b-6

Por vezes, as pessoas poderão achar que, quando alguém sofre, o sofrimento indica que essa pessoa pecou e está sendo castigada por Deus. Semelhantemente, as pessoas perguntaram para Jesus por que certo homem era cego de nascença. *"Foi por causa dos pecados dele ou por causa dos pecados dos pais dele?"* Jesus disse que Deus não estava punindo nem o homem cego nem seus pais. Ele afirmou que Deus estava utilizando a cura da cegueira do homem para manifestar a glória do Pai. O abuso que você está suportando não significa um castigo de Deus por algum pecado cometido por você.

Jesus ia caminhando quando viu um homem que tinha nascido cego. Os seus discípulos perguntaram:

— Mestre, por que este homem nasceu cego? Foi por causa dos pecados dele ou por causa dos pecados dos pais dele?

Jesus respondeu:

— Ele é cego, sim, mas não por causa dos pecados dele nem por causa dos pecados dos pais dele. É cego para que o poder de Deus se mostre nele. Precisamos trabalhar enquanto é dia, para fazer as obras daquele que me enviou. Pois está chegando a noite, quando ninguém pode trabalhar. Enquanto estou no mundo, eu sou a luz do mundo.

Depois de dizer isso, Jesus cuspiu no chão, fez um pouco de lama com a saliva, passou a lama nos olhos do cego e disse:

— Vá lavar o rosto no tanque de Siloé. (Este nome quer dizer "Aquele que Foi Enviado".)

O cego foi, lavou o rosto e voltou vendo.   João 9.1-7

*Em vez de pensar que Deus está castigando você, o que você tem a fazer é perguntar: "Por que Deus está permitindo que eu seja destratado?" "Por que meu ofensor continua a abusar de mim?" A questão mais ampla do que leva Deus a permitir o sofrimento é complicada; não há respostas fáceis. Jó também fez perguntas semelhantes a Deus.*

"A vida neste mundo é dura como o serviço militar;
todos têm de trabalhar pesado,

como o escravo que suspira pela sombra,
como o trabalhador que espera o seu salário.
Mês após mês só tenho tido desilusões,
e as minhas noites têm sido cheias de aflição.
Essas noites são compridas;
eu me canso de me virar na cama
   até de madrugada
e fico perguntando:
   'Será que já é hora de levantar?'
O meu corpo está coberto de bichos
   e de cascas de feridas;
a minha pele racha,
   e dela escorre pus.
Os meus dias passam mais depressa
   do que a lançadeira do tecelão
e vão embora sem deixar esperança.
Por isso, não posso ficar calado.
Estou aflito, tenho de falar,
preciso me queixar,
pois o meu coração está cheio de amargura."

*Jó 7.1-6,11*

### Pare e pergunte a si mesmo...

*Eu me sinto como Jó? Eu vejo o meu ofensor como alguém que está me culpando por coisas que eu não fiz? Como essa pessoa joga sobre mim as suas frustrações? Então, eu me sinto culpado por coisas que não fiz? Os outros acreditam que eu fiz por merecer o abuso que estou sofrendo? Os outros acreditam que Deus está me castigando? Eu acredito que Deus está me castigando?*

### O Senhor o ouve em sua dor

*Sentido o cansaço se tanto sofrimento, talvez você também faça a pergunta:* "Quanto tempo devo suportar esse sofrimento terrível?" *Em sua angústia, talvez sinta que Deus não lhe ouve ou não cuida de você. Deus cuida de você e promete estar sempre ao seu lado durante o sofrimento.*

> Ó Senhor Deus, até quando
> esquecerás de mim?
> Será para sempre?
> Por quanto tempo esconderás de mim
> o teu rosto?
> Até quando terei de suportar
> este sofrimento?
> Até quando o meu coração se encherá
> dia e noite de tristeza?
> Até quando os meus inimigos
> me vencerão?
>
> Ó Senhor, meu Deus,
> olha para mim e responde-me!
> Dá-me forças novamente
> para que eu não morra.
> Assim os meus inimigos não poderão
> se alegrar com a minha desgraça,
> nem poderão dizer:
> "Nós o derrotamos!"
>
> Eu confio no teu amor.
> O meu coração ficará alegre,
> pois tu me salvarás.
> E, porque tens sido
> bom para mim,
> cantarei hinos a ti,
> ó Senhor.

*Salmo 13*

### Pare e pergunte a si mesmo...

*Eu consigo acreditar que Deus me ouve em minha dor? Eu consigo entregar a Deus toda a minha dor e meu sentimento de culpa?*

## Deus quer libertar você da injustiça

*Jesus foi enviado por Deus para oferecer liberdade a todo aquele que sofre.*

Jesus foi para a cidade de Nazaré, onde havia crescido. No sábado, conforme o seu costume, foi até a sinagoga. Ali ele se levantou para ler as Escrituras Sagradas, e lhe deram o livro do profeta Isaías. Ele abriu o livro e encontrou o lugar onde está escrito assim:

> "O Senhor me deu o seu Espírito.
> Ele me escolheu para levar boas notícias
>     aos pobres
> e me enviou para anunciar a liberdade
>     aos presos,
> dar vista aos cegos,
> libertar os que estão sendo oprimidos
> e anunciar que chegou o tempo
>     em que o Senhor salvará o seu povo."

Jesus fechou o livro, entregou-o para o ajudante da sinagoga e sentou-se. Todas as pessoas ali presentes olhavam para Jesus sem desviar os olhos. Então ele começou a falar. Ele disse:

— Hoje se cumpriu o trecho das Escrituras Sagradas que vocês acabam de ouvir. *Lucas 4.16-21*

## Deus quer que você escolha viver

*Assim como Deus libertou os israelitas da escravidão no Egito e levou-os para a Terra Prometida de Israel, Deus quer libertar você do cativeiro da violência e da opressão.*

*Moisés disse para Israel:*

— Hoje estou deixando que vocês escolham entre o bem e o mal, entre a vida e a morte. Se vocês obedecerem aos mandamentos do Senhor, nosso

Deus, que hoje eu estou dando a vocês, e o amarem, e andarem no caminho que ele mostra, e cumprirem todas as suas leis e todos os seus mandamentos, vocês viverão muito tempo na terra que vão invadir e que vai ser de vocês. E Deus os abençoará e lhes dará muitos descendentes. Porém eu lhes afirmo hoje mesmo que, se abandonarem a Deus e não quiserem obedecer e se caírem na tentação de adorar e servir outros deuses, nesse caso vocês serão completamente destruídos e não viverão muito tempo na terra que estão para possuir no outro lado do rio Jordão.

Eu lhes dou a oportunidade de escolherem entre a vida e a morte, entre a bênção e a maldição. Escolham a vida, para que vocês e os seus descendentes vivam muitos anos.

*Deuteronômio 30.15-18,19b-20*

*Jesus veio para libertar da opressão e levar você para uma vida de abundância.*

*Jesus disse:*

— Eu afirmo a vocês que isto é verdade: eu sou a porta por onde as ovelhas passam. Todos os que vieram antes de mim são ladrões e bandidos, mas as ovelhas não deram atenção à voz deles. Eu sou a porta. Quem entrar por mim será salvo; poderá entrar e sair e achará comida. O ladrão só vem para roubar, matar e destruir; mas eu vim para que as ovelhas tenham vida, a vida completa.

*João 10.7-10*

## Deus está sempre pronto a ajudar você

Deus é o nosso refúgio
 e a nossa força,
socorro que não falta
 em tempos de aflição.

Por isso, não teremos medo,
ainda que a terra seja abalada,
e as montanhas caiam
    nas profundezas do oceano.
Não teremos medo, ainda que
    os mares se agitem e rujam,
e os montes tremam violentamente.

Há um rio que alegra a cidade de Deus,
a casa sagrada do Altíssimo.
Deus vive nessa cidade,
e ela nunca será destruída;
de manhã bem cedo, Deus a ajudará.
As nações ficam apavoradas,
e os reinos são abalados.
Deus troveja, e a terra se desfaz.

O Senhor Todo-Poderoso
    está do nosso lado.

*Salmo 46.1-7a*

**Capítulo 3**

# Isolamento e medo

**"O que vou fazer agora?"**

*O abuso pelo qual está passando pode afastar você de amigos e parentes. Talvez você sinta vergonha e humilhação por estar sendo destratado e esconda a sua dor dos outros. O ofensor pode tentar manipular e afastar você das pessoas. Talvez venha com ameaças de mais abuso, caso você conte a alguém o que está acontecendo. Talvez, você sinta uma terrível solidão e medo. Em seu isolamento, você pode ter medo de ter sido rejeitado e abandonado por Deus. Talvez, se pergunte: "Onde está Deus?"*

*Deus lhe confortará em seu sofrimento e responderá as suas orações. O Senhor promete estar sempre com você em tempos de dificuldades. Apesar de se sentir sozinho e com medo, Deus está com você.*

## Deus nunca deixará você

Eu grito bem alto para Deus;
grito, e ele me ouve.
Nas horas de aflição eu oro ao Senhor;
durante a noite, levanto as mãos
   em oração,
porém não encontro consolo.
Penso em Deus e começo a gemer;
começo a pensar
   e fico desanimado.

Deus não me deixa dormir.
Estou tão preocupado,
   que não posso falar.

Gasto as noites em pensamentos profundos,
começo a meditar e a mim mesmo
　faço estas perguntas:

"Será que o Senhor vai nos rejeitar
　para sempre?
Será que ele nunca mais
　vai ficar contente conosco?
Será que deixou de nos amar?
Será que a sua promessa
　não tem mais valor?
Será que Deus esqueceu de ser bondoso?
Será que a ira tomou o lugar
　da sua compaixão?"

Ó SENHOR Deus, eu lembrarei
　dos teus feitos maravilhosos!
Recordarei as maravilhas
　que fizeste no passado.
Pensarei em tudo o que tens feito,
meditarei em todos os teus atos poderosos.

Ó Deus, tudo o que fazes é santo.
Não há deus que seja tão grande
　como o nosso Deus.
Tu és o Deus que faz milagres;
tu tens mostrado o teu poder
　entre as nações.      *Salmo 77.1-4,6-9,11-14*

## O Senhor conhece o seu isolamento e a sua dor.

*Jesus sentiu-se abandonado por Deus quando estava morrendo na cruz.*

Ao meio-dia começou a escurecer, e toda a terra ficou três horas na escuridão. Às três horas da tarde, Jesus gritou bem alto:

— "Eli, Eli, lemá sabactani?" Essas palavras querem dizer: "Meu Deus, meu Deus, por que me abandonaste?"
*Mateus 27.45-46*

*Assim como Jesus, em sua dor na cruz, gritou as palavras do salmista, você pode sentir que Deus e as pessoas o abandonaram. Jesus compreende.*

Meu Deus, meu Deus,
 por que me abandonaste?
Por que ficas tão longe?
Por que não escutas
 quando grito pedindo socorro?
Meu Deus, durante o dia eu te chamo,
mas tu não respondes.
Eu te chamo de noite,
mas não consigo descansar.
*Salmo 22.1-2*

### Pare e pergunte a si mesmo...

*Eu sinto que Deus me rejeitou e abandonou? Sinto-me afastado de Deus? E dos outros? Como isso me faz sentir? Que posso fazer em relação a esses sentimentos?*

*Às vezes, ninguém acreditará que você está sofrendo abuso. É até capaz de você ser acusado de incitar o ofensor à violência. Embora ninguém acredite em você, Deus conhece bem a situação. Ele conhece o seu coração e o coração da pessoa que o está machucando. Com Deus em seu coração, você nunca está só, pois ele realmente se importa com você. No seu tempo de provação, o Senhor conduzirá você pelas mais densas trevas.*

### Deus o manterá seguro

O Senhor Deus é a minha luz
 e a minha salvação;
de quem terei medo?
O Senhor me livra de todo perigo;
não ficarei com medo de ninguém.

Quando os maus, os meus inimigos,
   me atacam
e procuram me matar,
são eles que tropeçam e caem.
Ainda que um exército inteiro me cerque,
não terei medo;
ainda que os meus inimigos
   me ataquem,
continuarei confiando em Deus.

Ó Senhor, ouve-me quando eu te chamar!
Tem compaixão de mim e responde-me.
Tu disseste: "Venha me adorar."
Eu respondo: "Eu irei te adorar,
   ó Senhor Deus."
Não te escondas de mim.

Não fiques irado comigo;
não rejeites este teu servo.
Ó Deus, meu libertador,
   tu tens sido a minha ajuda;
não me deixes, não me abandones.  *Salmo 27.1-3,7-9*

## Deus está com você

O Senhor é o meu pastor:
nada me faltará.
Ele me faz descansar
   em pastos verdes
e me leva a águas tranquilas.
O Senhor renova as minhas forças
e me guia por caminhos certos,
como ele mesmo prometeu.
Ainda que eu ande
   por um vale escuro como a morte,
não terei medo de nada.

Pois tu, ó Senhor Deus,
   estás comigo;
tu me proteges e me diriges.

Preparas um banquete para mim,
onde os meus inimigos
   me podem ver.
Tu me recebes
   como convidado de honra
e enches o meu copo até derramar.
Certamente a tua bondade
   e o teu amor
ficarão comigo enquanto eu viver.
E na tua casa, ó Senhor,
morarei todos os dias
   da minha vida.

*Salmo 23*

### Pare e pergunte a si mesmo...

*Eu sinto que Deus não se importa? Posso pensar em maneiras como Deus cuidou de mim? Como Deus pode se fazer presente em minha vida, por meio dos esforços de outros, a fim de me ajudar?*

*Isaías, o profeta, implorou para que Deus libertasse Israel do exílio. Em sua dor, você pode sentir-se longe de Deus e exilado de qualquer tipo de relacionamento afetivo.*

*Entretanto, o amor de Deus está perto e é real. O Senhor o criou e estará com você em todas as suas provações. Tendo Deus ao seu lado, você nunca está só, pois pertence a Deus, o seu criador. Deus cuida de você com um amor maior do que o amor de uma mãe pelo filho.*

### Você nunca está afastado de Deus

Não fiquem com medo,
   pois estou com vocês;
não se apavorem, pois eu sou o seu Deus.

Eu lhes dou forças e os ajudo;
eu os protejo com a minha forte mão.

"Todos os seus inimigos
serão derrotados e humilhados;
todos os que lutam contra vocês
serão destruídos e morrerão.
Se vocês procurarem os seus inimigos,
não os acharão,
pois todos eles terão desaparecido.
Eu sou o Senhor, o Deus de vocês;
eu os seguro pela mão e lhes digo:
'Não fiquem com medo, pois eu os ajudo.' "

*Isaías 41.10-13*

## O Senhor nunca esquecerá você

O Senhor responde:
"Será que uma mãe pode esquecer
  o seu bebê?
Será que pode deixar de amar
  o seu próprio filho?
Mesmo que isso acontecesse,
eu nunca esqueceria vocês."

*Isaías 49.15*

### Pare e pergunte a si mesmo...

*Como eu descrevo o amor de Deus por mim? Eu vejo Deus como um pai amoroso ou como uma mãe protetora? Eu prezo Deus como o amigo mais fiel?*

*Deus já conhecia você quando você estava na barriga de sua mãe. O Senhor está bem ciente de todas as suas emoções: nada pode ser escondido do Pai. Você pode ser rejeitado por algumas pessoas, mas não será rejeitado por Deus. Nada pode separar você do amor de Deus.*

## O Senhor está perto

Ó Senhor Deus, tu me examinas
   e me conheces.
Sabes tudo o que eu faço
e, de longe, conheces
   todos os meus pensamentos.
Tu me vês quando estou trabalhando
e quando estou descansando;
tu sabes tudo o que eu faço.
Antes mesmo que eu fale,
tu já sabes o que vou dizer.
Estás em volta de mim,
   por todos os lados,
e me proteges com o teu poder.
Eu não consigo entender
   como tu me conheces tão bem;
o teu conhecimento é profundo demais
   para mim.

Tu criaste cada parte do meu corpo;
tu me formaste na barriga da minha mãe.
Eu te louvo porque deves ser temido.
Tudo o que fazes é maravilhoso,
e eu sei disso muito bem.
Tu viste quando os meus ossos
   estavam sendo feitos,
quando eu estava sendo formado
   na barriga da minha mãe,
crescendo ali em segredo,
tu me viste antes de eu ter nascido.
Os dias que me deste para viver
foram todos escritos no teu livro
quando ainda nenhum deles existia.
Ó Deus, como é difícil entender
   os teus pensamentos!

E eles são tantos!
Se eu os contasse,
seriam mais do que os grãos de areia.
Quando acordo, ainda estou contigo.

*Salmo 139.1-6,13-18*

O amor de Deus é maior do que o amor de uma mãe pelo seu filho; é um amor que nunca acaba. Além disso, é um amor construído sobre a justiça e a integridade. O Senhor agirá em justiça contra a violência pela qual você está passando. Deus promete lidar com seu ofensor e, por fim, levá-lo à situação adequada.

## O Senhor traz justiça

Os céus anunciam a sua justiça,
e todos os povos veem a sua glória.

Vocês, que amam a Deus, o SENHOR,
  odeiem o mal;
ele protege a vida dos que lhe são fiéis
e os livra do poder dos maus.

*Salmo 97.6,10*

## Pare e pergunte a si mesmo...

*Como posso receber o apoio disponível a mim? Como Deus está agindo com justiça por meio das pessoas que estão dispostas a me ajudar?*

**Capítulo 4**

# RAIVA E RESSENTIMENTO

**"Pare de me machucar!"**

*A raiva e o ressentimento são resultados naturais do abuso. Deus incutiu essas emoções normais em você a fim de ajudar em sua sobrevivência. Deus o entende em sua raiva contra o mal do abuso. A raiva ou indignação pode ser uma dádiva que lhe motivará a procurar formas positivas de agir. Ela pode lhe dar forças para realizar coisas e mudar sua situação. Entretanto, o Senhor quer que você expresse essas emoções de uma maneira saudável e construtiva. O uso mais efetivo da sua raiva lhe ajudará a reconstruir sua vida depois do abuso.*

## Deus controla a raiva contra o mal

*Deus é santo. Por isso, a ira de Deus é uma indignação moral que se opõe ao pecado, à incredulidade, ao erro, à desobediência e à idolatria das pessoas. Jesus expressou desaprovação quando os incrédulos tentaram impedir que ele fizesse o bem curando uma mulher no sábado.*

Certo sábado, Jesus estava ensinando numa sinagoga. E chegou ali uma mulher que fazia dezoito anos que estava doente, por causa de um espírito mau. Ela andava encurvada e não conseguia se endireitar. Quando Jesus a viu, ele a chamou e disse:

— Mulher, você está curada.

Aí pôs as mãos sobre ela, e ela logo se endireitou e começou a louvar a Deus. Mas o chefe da sinagoga ficou zangado porque Jesus havia feito uma cura no sábado. Por isso disse ao povo:

— Há seis dias para trabalhar. Pois venham nesses dias para serem curados, mas, no sábado, não!

Então o Senhor respondeu:

— Hipócritas! No sábado, qualquer um de vocês vai à estrebaria e desamarra o seu boi ou o seu jumento a fim de levá-lo para beber água. E agora está aqui uma descendente de Abraão que Satanás prendeu durante dezoito anos. Por que é que no sábado ela não devia ficar livre dessa doença?

Os inimigos de Jesus ficaram envergonhados com essa resposta, mas toda a multidão ficou alegre com as coisas maravilhosas que ele fazia.   *Lucas 13.10-17*

*Jesus irou-se com os comerciantes no Templo, que estavam corrompendo o lugar de adoração do Senhor. Jesus exigiu que parassem com a corrupção daquele lugar sagrado.*

Quando Jesus e os discípulos chegaram a Jerusalém, ele entrou no pátio do Templo e começou a expulsar todos os que compravam e vendiam naquele lugar. Derrubou as mesas dos que trocavam dinheiro e as cadeiras dos que vendiam pombas. E não deixava ninguém atravessar o pátio do Templo carregando coisas. E ele ensinava a todos assim:

— Nas Escrituras Sagradas está escrito que Deus disse o seguinte: "A minha casa será chamada de 'Casa de Oração' para todos os povos." Mas vocês a transformaram num esconderijo de ladrões!

Os chefes dos sacerdotes e os mestres da Lei ouviram isso e começaram a procurar um jeito de matar Jesus. Mas tinham medo dele porque o povo admirava os seus ensinamentos.   *Marcos 11.15-18*

## Deus opõe-se ao mal do abuso

*Você é o templo santo de Deus, e ele não quer que você seja violentado nem machucado. Seu corpo é a habitação do Pai e não deve ser desonrado, tampouco abusado por ninguém.*

Será que vocês não sabem que o corpo de vocês é o templo do Espírito Santo, que vive em vocês e lhes foi dado por Deus? Vocês não pertencem a vocês mesmos, mas a Deus, pois ele os comprou e pagou o preço. Portanto, usem o seu corpo para a glória dele.
*1Coríntios 6.19-20*

*Deus quer que você ame a si mesmo, bem como a Deus e ao seu próximo.*

Um mestre da Lei que estava ali ouviu a discussão. Viu que Jesus tinha dado uma boa resposta e por isso perguntou:

— Qual é o mais importante de todos os mandamentos da Lei?

Jesus respondeu:

— É este: "Escute, povo de Israel! O Senhor, nosso Deus, é o único Senhor. Ame o Senhor, seu Deus, com todo o coração, com toda a alma, com toda a mente e com todas as forças." E o segundo mais importante é este: "Ame os outros como você ama a você mesmo." Não existe outro mandamento mais importante do que esses dois. *Marcos 12.28-31*

### Deus não apoia a violência

*Visto que alguém que você ama está usando de violência para controlar e manipular, você pode achar que Deus também está irado com você. O Senhor fica irado somente contra a injustiça. Deus olha para você com ternura e compaixão. Ele reconhece ser errada a violência cometida contra você e responsabiliza o ofensor por tal ato.*

Ó Senhor, meu Deus,
    em ti encontro segurança.

Salva-me, livra-me
   de todos os que me perseguem.
Não permitas que eles, como um leão,
me peguem e me despedacem,
sem que ninguém possa me salvar.

Ó Senhor, meu Deus, se tenho feito
   qualquer uma destas coisas:
se cometi alguma injustiça contra alguém,
se traí um amigo,
se cometi sem motivo alguma violência
   contra o meu inimigo,

Ó Senhor, levanta-te com ira
e enfrenta a fúria dos meus inimigos!
Levanta-te e ajuda-me,
porque tu exiges que a justiça seja feita.

Ó Senhor Deus, tu és o juiz
   de todas as pessoas.
Julga a meu favor,
pois sou inocente e correto.
Eu te peço que acabes
   com a maldade dos maus
e que recompenses os que são direitos.
Pois tu és Deus justo
e julgas os nossos pensamentos e desejos.

Deus me protege como um escudo;
ele salva os que são honestos de verdade.
Deus é um juiz justo;
todos os dias ele condena os maus. *Salmo 7.1-4,6,8-11*

*Talvez você esteja com raiva de Deus e acredite que ele, sem amor algum, está permitindo que o abuso continue. Às vezes, as pessoas más prosperam de uma forma que foge à nossa compreensão. Deus vê o seu sofrimento e compreende o seu questionamento.*

"Por que será que os maus continuam vivos?
Por que chegam ricos à velhice?"

"Nada ameaça a segurança dos seus lares,
e Deus não os castiga."

"No entanto, a Deus eles dizem:
'Deixa-nos em paz;
não queremos saber das tuas leis.
Quem é o Deus Todo-Poderoso
   para que o adoremos?
Que adianta fazer orações a ele?'
Os maus dizem que progridem pelos seus
   próprios esforços,
mas eu não aceito o seu modo de pensar."

Jó 21.7,9,14-16

### Pare e pergunte a si mesmo...

*De que modo sinto que a violência exerce controle sobre mim? Como me sinto quando as pessoas que fazem coisas erradas parecem, algumas vezes, prosperar? Eu acho que Deus está deixando essas pessoas continuarem ferindo outras? A raiva em relação a Deus está me distanciando do Pai ou de outros relacionamentos bons que podem me ajudar? Eu fico irado com Deus por permitir que a violência continue?*

### A indignação saudável é uma dádiva

*A indignação que você sente é uma arma que Deus coloca em você biologicamente a fim de ajudar a defender sua integridade pessoal e seus limites. Naturalmente, você sente indignação não apenas do abuso, mas também, na verdade, da pessoa que abusa de você. Deus compreende esse sentimento. Até mesmos os salmistas expressaram profunda indignação contra a crueldade.*

> Ó Deus, como eu gostaria
> que tu acabasses com os maus!
> Gostaria que os homens violentos
> me deixassem em paz!
> Eles falam mal de ti;
> contra ti falam coisas ruins.
> Ó SENHOR Deus, como odeio
> os que te odeiam!
> Como desprezo os que são contra ti!
> Eu os odeio com todas as minhas forças;
> eles são meus inimigos.
>
> Ó Deus, examina-me e conhece o meu coração!
> Prova-me e conhece os meus pensamentos.
> Vê se há em mim algum pecado
> e guia-me pelo caminho eterno. *Salmo 139.19-24*

*A indignação pode fortalecer você, dando-lhe a energia necessária para mudar sua vida. Use esse sentimento como combustível e incentivo para um novo crescimento. Jesus ensina que a perseverança na oração e no trabalho ativo visando a justiça é recompensada. Deus abençoa a indignação que insiste em buscar a justiça. Essa é uma maneira para processar a sua indignação de modo construtivo, bem como um modo de encontrar coragem quando estiver com medo de que sua raiva o domine.*

Jesus contou a seguinte parábola, mostrando aos discípulos que deviam orar sempre e nunca desanimar:

— Em certa cidade havia um juiz que não temia a Deus e não respeitava ninguém. Nessa cidade morava uma viúva que sempre o procurava para pedir justiça, dizendo: "Ajude-me e julgue o meu caso contra o meu adversário!"

— Durante muito tempo o juiz não quis julgar o caso da viúva, mas afinal pensou assim: "É verdade que eu não temo a Deus e também não respeito ninguém. Porém, como esta viúva continua me aborrecendo, vou dar a sentença a favor dela. Se eu não fizer isso, ela não vai parar de vir me amolar até acabar comigo."

E o Senhor continuou:

— Prestem atenção naquilo que aquele juiz desonesto disse. Será, então, que Deus não vai fazer justiça a favor do seu próprio povo, que grita por socorro dia e noite? Será que ele vai demorar para ajudá-lo? Eu afirmo a vocês que ele julgará a favor do seu povo e fará isso bem depressa. Mas, quando o Filho do Homem vier, será que vai encontrar fé na terra?

*Lucas 18.1-8*

### Pare e pergunte a si mesmo...

*Eu consigo sentir raiva ou estou reprimindo e negando esse sentimento? Estou com medo de que minha raiva domine a mim e a outros caso seja expressada? Minha raiva recai sobre os membros mais fracos da minha família? Como posso expressar minha raiva e indignação de uma maneira construtiva e saudável? Como posso expressar minha indignação diante de Deus de modo sincero?*

### Deus e outras pessoas podem ajudar você a processar sua raiva do modo apropriado

*Deus não quer que você reprima ou negue sua raiva: é normal ficar com raiva de uma pessoa que abusa de você. Livrar-se da raiva apressadamente e perdoar antes de estar preparado acaba por disfarçar algo que está fervilhando. Lidar com a raiva é a maneira que Deus frequentemente usa para forçar você a agir em seu próprio benefício. É vital, entretanto, que quando você for capaz de reconhecer sua raiva, consiga expressá-la de um modo seguro. Deus não quer que você coloque sua saúde e sua vida em risco desnecessariamente. Deus quer proteger você.*

Mas tu, ó Senhor Deus, tens visto isso.
Então não te cales, Senhor,
e não fiques longe de mim!
Acorda, Senhor,
   para me fazeres justiça!
Levanta-te, meu Deus,
   e defende a minha causa!
Ó Senhor Deus, tu és justo;
por isso, declara que estou inocente.
Ó meu Deus, não deixes
   que os meus inimigos
se alegrem à minha custa!
Não deixes que eles digam:
"Nós acabamos com ele.
Era isso mesmo o que queríamos."

Que sejam completamente
   derrotados e envergonhados
aqueles que se alegram
   com o meu sofrimento!
Que fiquem cobertos
   de vergonha e de desgraça
os que dizem que são melhores
   do que eu!
Porém que gritem de alegria
os que desejam
   que eu seja declarado inocente!
Que eles digam sempre:
"Como é grande o Senhor!
Ele está contente porque tudo
   vai bem com o seu servo."
Então anunciarei a tua fidelidade
e te louvarei o dia inteiro.

*Salmo 35.22-28*

*Como uma forma de equilibrar a expressão da sua raiva, Deus adverte as pessoas a respeito dos perigos da raiva mundana. A vingança está nas mãos de Deus. Embora a raiva das pessoas possa ser moralmente aceitável e direcionada contra a injustiça e o mal, ela pode misturar-se com o ódio. Deus pede às pessoas para que não fiquem iradas facilmente e que não pequem se ficarem iradas.*

*O apóstolo Paulo disse:*

Meus queridos irmãos, nunca se vinguem de ninguém; pelo contrário, deixem que seja Deus quem dê o castigo. Pois as Escrituras Sagradas dizem:

"Eu me vingarei,
eu acertarei contas com eles, diz o Senhor."

*Romanos 12.19*

Se vocês ficarem com raiva, não deixem que isso faça com que pequem e não fiquem o dia inteiro com raiva.

*Efésios 4.26*

*Com a ajuda da oração, Deus pode ajudar você a encontrar as atitudes certas a serem tomadas. Quando os discípulos de Jesus perguntaram a ele como orar, Jesus respondeu:*

Portanto, orem assim:

"Pai nosso, que estás no céu,
que todos reconheçam
  que o teu nome é santo.
Venha o teu Reino.
Que a tua vontade seja feita aqui na terra
  como é feita no céu!
Dá-nos hoje o alimento que precisamos.
Perdoa as nossas ofensas
como também nós perdoamos
  as pessoas que nos ofenderam.

E não deixes que sejamos tentados,
mas livra-nos do mal.
[Pois teu é o Reino, o poder e a glória,
  para sempre. Amém!]" *Mateus 6.9-13*

## O Senhor fará justiça a todos aqueles que são maltratados

*A compreensão de Deus é total. O Senhor pode transformar o coração da pessoa que está abusando de você e ajudar você a ter paz em seu coração. No fim, o Senhor fará justiça.*

O Senhor Deus julga
  a favor dos oprimidos
e garante os seus direitos.
Ele revelou os seus planos a Moisés
e deixou que o povo de Israel visse
  os seus feitos poderosos.
O Senhor é bondoso
  e misericordioso,
não fica irado facilmente
e é muito amoroso.

Assim como é grande a distância
  entre o céu e a terra,
assim é grande o seu amor
  por aqueles que o temem.
Quanto o Oriente está longe do Ocidente,
assim ele afasta de nós
  os nossos pecados. *Salmo 103.6-8,11-12*

• • • • • • • • • • • • • • • • • • • • • • • • • **Capítulo 5**

# Depressão
# e baixa autoestima

### "Sinto uma depressão muito grande!"

*Talvez, você sinta um enorme sentimento de depressão. A falta de afeto causada pelo abuso pode fazer você se sentir para baixo. O trauma das repetidas agressões pode eliminar sua autoestima e destruir tal sentimento. Você pode estar lamentando a perda de uma vida familiar feliz e a destruição de um relacionamento amoroso importante para você. É provável que se sinta sem esperança. Em seu desespero, talvez ache que sua vida nunca será boa outra vez.*

### Digo a mim mesmo:
### "Minha esperança acabou..."

Já não sei mais o que é paz
e esqueci o que é felicidade.
Não tenho muito tempo de vida,
e a minha esperança no Senhor acabou.

Eu lembro da minha tristeza e solidão,
das amarguras e dos sofrimentos.
Penso sempre nisso
e fico abatido.

*Lamentações 3.17-20*

### Pare e pergunte a si mesmo...

*Eu me sinto deprimido ou perdi a esperança? Como as agressões reduziram meu sentimento de autoestima?*

*O Senhor conhece o seu profundo desespero. Você pode achar que sua depressão jamais terminará. Pois é assim que o salmista escreve...*

### As lágrimas são o meu alimento...
> Assim como o corço deseja
>   as águas do ribeirão,
> assim também eu quero estar
>   na tua presença, ó Deus!
> Eu tenho sede de ti, o Deus vivo!
> Quando poderei ir adorar
>   na tua presença?
> Choro dia e noite,
> e as lágrimas são o meu alimento.
> Os meus inimigos estão sempre
>   me perguntando:
> "Onde está o seu Deus?"

*Salmo 42.1-3*

### Pare e pergunte a si mesmo...

*Minha vida está vazia e sem amor? Minha depressão parece sem fim, como se nunca fosse acabar? Como me sinto em relação a Deus quando estou deprimido?*

*Os resultados de repetidos traumas podem ser extremamente destrutivos, não apenas para o seu bem-estar emocional, mas também para o seu bem-estar físico. Você pode ter superado ataques sucessivos ou até mesmo escapado da morte. Outros, talvez, podem não saber ou compreender que você enfrenta a possibilidade da morte e insultos todos os dias. Provavelmente, se sinta exausto fisicamente e esgotado emocionalmente, além da sua depressão. Como o salmista escreve...*

### Sinto-me profundamente abatido e desanimado...
> Estou muito abatido e encurvado
> e choro o dia todo.
> Estou muito doente,
> queimando de febre.

Sinto-me profundamente abatido
  e desanimado;
o meu coração está aflito,
e eu fico gemendo de dor.

Ó Senhor, tu sabes o que eu desejo,
pois ouves todos os meus gemidos.
O meu coração bate depressa,
  estou fraco,
e os meus olhos perderam o brilho.

*Salmo 38.6-10*

### Pare e pergunte a si mesmo...

*Sinto-me fisicamente exausto ou doente? Sinto-me esgotado emocionalmente? Minha depressão é causada, de certa forma, pela exaustão? Posso encontrar um lugar seguro e confortável para me curar?*

*Ninguém consegue reconhecer a extensão do abuso que você está suportando e isso pode causar grande depressão. Você pode ter escapado de ferimentos ou da morte e, ainda assim, estar em perigo. Assim como o salmista expressou:*

### Deus me livrou da morte...

Os laços da morte estavam me apertando,
os horrores da sepultura
  tomaram conta de mim,
e eu fiquei aflito e apavorado.
Então clamei ao Senhor, pedindo:
"Ó Senhor Deus, eu te peço:
Salva-me da morte!"

Deus me livrou da morte,
fez parar as minhas lágrimas
e não deixou que eu caísse
  na desgraça.

Por isso, no mundo dos que estão vivos,
viverei uma vida de obediência a ele.
Eu continuei crendo,
  mesmo quando disse:
"estou completamente esmagado."
Não parei de crer,
  mesmo quando afirmei, sem pensar:
"não se pode confiar em ninguém."

O SENHOR Deus sente pesar
quando vê morrerem
  os que são fiéis a ele.
Ó SENHOR, eu sou teu servo;
eu te sirvo, como te servia
  a minha mãe.
Tu me livraste da morte.

*Salmo 116.3-4,8-11,15-16*

### Pare e pergunte a si mesmo...

*Eu escapei da morte? A minha vida está em perigo agora? Como eu posso aliviar minha depressão? Como outras pessoas podem me ajudar a sair do perigo?*

Você pode se sentir como se tivesse morrido emocionalmente por, continuamente, estar apanhando e andar temeroso. Talvez tenha sufocado todas as emoções para não mais sentir dor; talvez tenha se tornado insensível como uma forma de defesa contra quaisquer sentimentos. Essa insensibilidade pode até ser útil em sua defesa contra a dor do abuso, mas você precisa tomar cuidado para não eliminar, para sempre, todas as suas emoções. Emocionar-se outra vez ajudará você a ter forças para libertar-se dessa situação potencialmente fatal. Deus compreende e respeita a insensibilidade que você sente. Mas tente não se isolar demais em sua vida. Nas suas emoções reside todo o calor da sua vida!

## Estou quase desistindo...

> Por isso, estou quase desistindo,
> e o desespero despedaça
>     o meu coração.
>
> Eu lembro do passado.
> Penso em tudo o que tens feito
> e não esqueço as tuas ações.
> A ti levanto as mãos em oração;
> como terra seca, eu tenho sede de ti.
>
> Ó SENHOR Deus,
>     responde-me depressa,
> pois já perdi todas as esperanças!
> Não te escondas de mim
> para que eu não seja como aqueles
> que descem ao mundo dos mortos.
> Peço que todas as manhãs
>     tu me fales do teu amor,
> pois em ti eu tenho posto
>     a minha confiança.
> As minhas orações sobem a ti;
> mostra-me o caminho que devo seguir!

*Salmo 143.4-8*

## Pare e pergunte a si mesmo...

*Eu não sinto coisa alguma, ou minha vida está na escuridão? Sinto-me sem ação? Tenho energia para ter sentimentos outra vez? Como Deus e outras pessoas podem ajudar dando-me forças para recobrar meus sentimentos e, assim, prosseguir para uma nova vida?*

## Manda a tua luz para me ensinar o caminho...

*Talvez você se sinta triste porque a depressão pode mascarar qualquer emoção opressiva ou não desenvolvida.*

*Talvez até se sinta culpado por estar deprimido. A depressão pode ser o sintoma de algum sentimento profundamente doloroso e que precisa de tratamento adequado.*

> Ó Deus, declara que eu estou inocente
> e defende a minha causa
> contra essa gente que não te adora!
> Livra-me das pessoas traiçoeiras
>   e perversas.
> Tu, ó Deus, és o meu protetor;
> por que me abandonaste?
> Por que tenho de viver sofrendo,
> perseguido pelos meus inimigos?
>
> Manda a tua luz e a tua verdade
> para que elas me ensinem o caminho
> e me levem de volta a Sião,
>   o teu monte santo,
> e ao teu Templo, onde vives.
> Então eu irei até o teu altar, ó Deus,
> pois tu és a fonte
>   da minha felicidade.
> Tocarei a minha lira
>   e cantarei louvores a ti,
> ó Deus, meu Deus!
>
> Por que estou tão triste?
> Por que estou tão aflito?
> Eu porei a minha esperança em Deus
>   e ainda o louvarei.
> Ele é o meu Salvador
>   e o meu Deus.

*Salmo 43*

## Salva-me, ó Deus!

*Outro perigo da depressão é o fato de ela poder paralisar e impedir você de utilizar as estratégias saudáveis das* emoções que lhe permitirão lidar com a situação de abuso. Enfrentar os sentimentos que estão encobertos pela depressão pode lhe dar a energia necessária para lidar com o ofensor e para buscar uma vida saudável. Procure a ajuda que Deus quer lhe conceder a partir dos recursos da comunidade à sua disposição (médicos, psicólogos, conselheiros). Deus quer estimular você a agir em seu benefício.

> Ó Deus, salva-me!
> Ajuda-me agora,
>    ó SENHOR Deus.
> Que sejam completamente
>    derrotados e humilhados
> aqueles que me querem matar!
> Que fujam, envergonhados,
> aqueles que se alegram
>    com as minhas aflições!
> Que caiam na desgraça
> e fiquem cheios de confusão
> aqueles que zombam de mim!
>
> Que fiquem alegres e contentes
> todos os que te adoram!
> E que os que são gratos
>    pela tua ajuda digam sempre:
> "Como Deus é grande!"
>
> Eu sou pobre e necessitado;
> vem depressa em meu auxílio,
>    ó Deus.
> Tu és a minha ajuda
>    e o meu libertador;
> não te demores em me socorrer,
>    ó SENHOR Deus!
>
> *Salmo 70*

### Pare e pergunte a si mesmo...

Quais sentimentos estão encobertos pela minha depressão? Que outros sentimentos eu tenho: raiva, culpa, falta de esperança, resignação? De que forma posso esclarecer meus sentimentos e não tentar esconder meus sentimentos reais? Que tipo de profissional eu buscar a fim de conseguir elucidar meus sentimentos?

### Sinto-me como uma cerca derrubada...

Em meio a toda essa confusão emocional e desordem, Deus pode dar-lhe paz interior.

> Até quando todos vocês
>    atacarão um homem
> que é mais fraco
>    do que uma cerca derrubada?
>
> Somente em Deus eu encontro paz
> e nele ponho a minha esperança.
> Somente ele é a rocha que me salva;
> ele é o meu protetor,
> e eu não serei abalado.
> A minha salvação e a minha honra
>    dependem de Deus;
> ele é a minha rocha poderosa
> e o meu abrigo.

*Salmo 62.3,5-7*

### Pare e pergunte a si mesmo...

Como Deus e as outras pessoas podem me mostrar um caminho para corrigir minha vida? Como posso recobrar minha confiança e esperança?

### Deus é tudo o que tenho...

Mas a esperança volta
quando penso no seguinte:

O amor do SENHOR Deus não se acaba,
e a sua bondade não tem fim.
Esse amor e essa bondade
   são novos todas as manhãs;
e como é grande a fidelidade do SENHOR!
Deus é tudo o que tenho;
por isso, confio nele.　　　　*Lamentações 3.21-24*

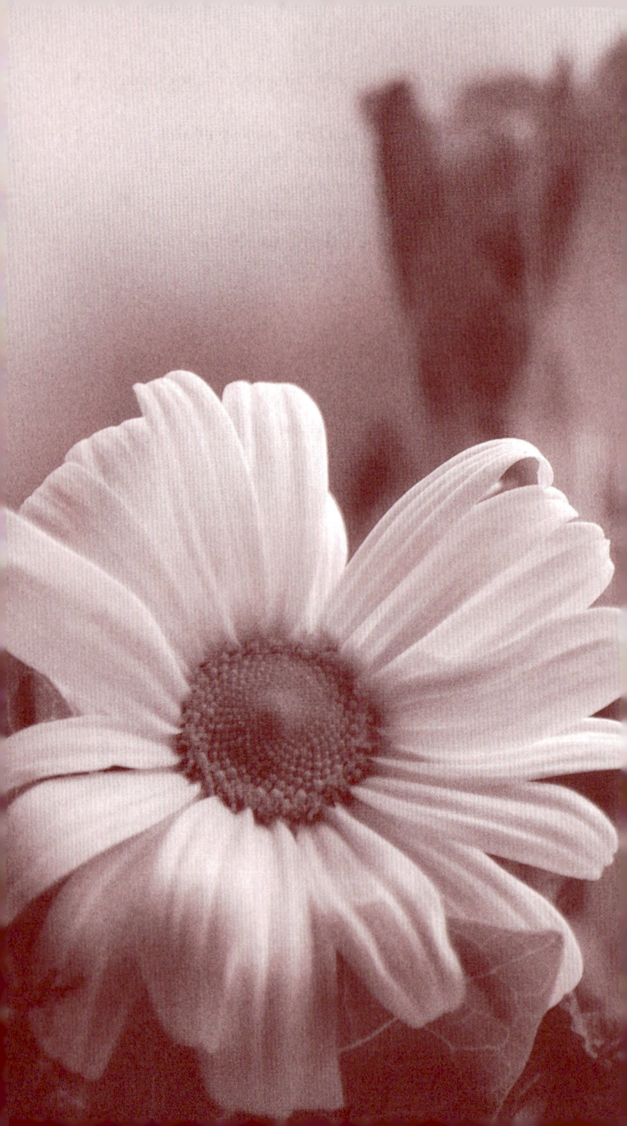

**Capítulo 6**

# Reconstruindo sua vida

### "Colocarei a minha confiança no Senhor!"

### Podemos confiar no Senhor para uma ajuda real

*Parte da reconstrução da sua vida se dá em depositar sua confiança na direção e sabedoria do Senhor. As pessoas podem pecar contra você, porém, Deus sempre trata você com amor.*

> Eu louvo a Deus, o Senhor,
>   pois ele é o meu conselheiro,
> e durante a noite
>   a minha consciência me avisa.
> Estou certo de que o Senhor
>   está sempre comigo;
> ele está ao meu lado direito,
>   e nada pode me abalar.
> Por isso o meu coração está feliz e alegre,
> e eu, um ser mortal, me sinto bem seguro.
>
> Tu me mostras o caminho
>   que leva à vida.
> A tua presença me enche de alegria
> e me traz felicidade para sempre.
>
> *Salmo 16.7-9,11*

### O amor humano pode falhar; o amor de Deus nunca falha

*Parte da confiança no Senhor é saber que o único amor confiável neste mundo é o amor de Deus. Você nunca deve depender completamente do amor do ser humano. Somente o amor eterno de Deus dura para sempre.*

Diante de tudo isso, o que mais podemos dizer? Se Deus está do nosso lado, quem poderá nos vencer? Ninguém! Porque ele nem mesmo deixou de entregar o próprio Filho, mas o ofereceu por todos nós! Se ele nos deu o seu Filho, será que não nos dará também todas as coisas? Quem acusará aqueles que Deus escolheu? Ninguém! Porque o próprio Deus declara que eles não são culpados. Será que alguém poderá condená-los? Ninguém! Pois foi Cristo Jesus quem morreu, ou melhor, quem foi ressuscitado e está à direita de Deus. E ele pede a Deus em favor de nós. Então quem pode nos separar do amor de Cristo? Serão os sofrimentos, as dificuldades, a perseguição, a fome, a pobreza, o perigo ou a morte?

Em todas essas situações temos a vitória completa por meio daquele que nos amou. Pois eu tenho a certeza de que nada pode nos separar do amor de Deus: nem a morte, nem a vida; nem os anjos, nem outras autoridades ou poderes celestiais; nem o presente, nem o futuro; nem o mundo lá de cima, nem o mundo lá de baixo. Em todo o Universo não há nada que possa nos separar do amor de Deus, que é nosso por meio de Cristo Jesus, o nosso Senhor.

*Romanos 8.31-35,37-39*

### Pare e pergunte a si mesmo...

*O amor da minha família ou dos meus amigos depende daquilo que eu faço ou não faço? Ele é constante ou muda dia após dia? Qual o tipo de amor que Deus tem por mim?*

### Deus quer resgatar você

*As Escrituras afirmam que Deus cuidou dos israelitas e os livrou da escravidão do Egito. Assim como Deus libertou* aquele povo, ele quer ajudar você a se libertar do abuso. Você pode clamar para que Deus lhe dê forças para encontrar o caminho da segurança e da verdade. Fortalecido pelo poder de Deus, você será muito mais capaz de retomar o controle da sua vida.

Os israelitas celebraram a vitória deles contra a escravidão no Egito cantando.

> O Senhor é o meu forte defensor;
> foi ele quem me salvou.
> Ele é o meu Deus, e eu o louvarei.
> Ele é o Deus do meu pai,
> e eu cantarei a sua grandeza.
>
> Não há outro deus como tu, ó Senhor!
> Quem é santo e majestoso como tu?
> Quem pode fazer os milagres
> e as maravilhas que fazes?
> Estendeste a mão direita,
> e a terra engoliu
> os que nos perseguiam.
>
> Por causa do teu amor
> tu guiaste o povo que salvaste;
> com o teu grande poder
> tu os levaste para a tua terra santa. *Êxodo 15.2,11-13*

### Pare e pergunte a si mesmo...

*De que forma Deus e as outras pessoas podem ajudar a me libertar do abuso? Quais ações podem promover minha própria renovação?*

### Deus quer proteger você do mal

Deus continua sendo seu protetor e consolador, mesmo em meio ao abuso. O Senhor está pronto para conduzir você do perigo à segurança.

Olho para os montes e pergunto:
"De onde virá o meu socorro?"
O meu socorro
   vem do SENHOR Deus,
que fez o céu e a terra.
Ele, o seu protetor,
   está sempre alerta
e não deixará que você caia.
O protetor do povo de Israel
nunca dorme, nem cochila.

O SENHOR guardará você;
ele está sempre ao seu lado
   para protegê-lo.
O sol não lhe fará mal de dia,
nem a lua, de noite.
O SENHOR guardará você
   de todo perigo;
ele protegerá a sua vida.
Ele o guardará quando você for
   e quando voltar,
agora e sempre.

*Salmo 121*

## Pare e pergunte a si mesmo...

*Posso confiar em Deus para ser meu protetor? Como posso pedir a Deus para intervir a meu favor e me dar segurança? Posso orar para o Senhor conceder outras pessoas para me ajudar?*

## Deus ajudará você
## aumentando a sua perseverança e força

*O abuso pode trazer grande desgaste emocional e físico, podendo minar sua força e acabar com sua vontade de lutar contra o mal feito contra você. Mesmo em meio às adversidades, Deus pode renovar sua força e esperança.*

> Aos cansados ele dá novas forças
> e enche de energia os fracos.
> Até os jovens se cansam,
> e os moços tropeçam e caem;
> mas os que confiam no SENHOR
> recebem sempre novas forças.
> Voam nas alturas como águias,
> correm e não perdem as forças,
> andam e não se cansam. *Isaías 40.29-31*

*Jesus lhe concederá a força para superar qualquer sofrimento. O apóstolo Paulo disse:*

> Sei o que é estar necessitado e sei também o que é ter mais do que é preciso. Aprendi o segredo de me sentir contente em todo lugar e em qualquer situação, quer esteja alimentado ou com fome, quer tenha muito ou tenha pouco. Com a força que Cristo me dá, posso enfrentar qualquer situação. *Filipenses 4.12-13*

### Pare e pergunte a si mesmo...

*O que posso pedir a Deus que renovará minha força? Como posso encontrar a paz interior da qual preciso para seguir para uma nova vida, mesmo se minha situação não é de paz, mas de violência?*

### Deus lhe dará a armadura espiritual para lutar contra o mal

*Todas as pessoas lutam contra as forças espirituais que não são de Deus; no entanto, nem sempre é fácil saber como travar uma batalha contra o mal. Tome cuidado e utilize todas as armas de Deus na sua defesa. Prepare-se para a batalha com toda a armadura espiritual que Deus lhe deu: as Escrituras, oração e sua devoção ao Senhor. Quando não conseguir encontrar um caminho, o Senhor poderá ajudar você a encontrá-lo. Ore pela vontade de Deus em relação às pessoas da sua família e de você mesmo.*

## Pare e pergunte a si mesmo...

*Como me visto com toda a armadura de Deus? Eu leio a Palavra de Deus e tento colocá-la em prática na minha vida? Tento viver como Deus quer? Reconheço que o Senhor é poderoso e capaz de ajudar? Tenho ciência de que há outras pessoas querendo me ajudar?*

## Deus ajudará guiando-o na direção certa

*Orando e rendendo-se à vontade de Deus, você estará aberto à direção do Pai.*

> Tu és o meu esconderijo;
> tu me livras da aflição.
> Eu canto bem alto a tua salvação,
> pois me tens protegido.

> O Senhor Deus me disse:
> "Eu lhe ensinarei o caminho
>   por onde você deve ir;
> eu vou guiá-lo e orientá-lo."   Salmo 32.7-8

*Deus curou a mulher quando ela tomou a iniciativa e confiou em Jesus.*

Chegou ali uma mulher que fazia doze anos que estava com uma hemorragia. Havia gastado tudo o que tinha, tratando-se com muitos médicos. Estes a fizeram sofrer muito; mas, em vez de melhorar, ela havia piorado cada vez mais. Ela havia escutado falar de Jesus; então entrou no meio da multidão e, chegando por trás dele, tocou na sua capa, pois pensava assim: "Se eu apenas tocar na capa dele, ficarei curada." Logo o sangue parou de escorrer, e ela teve certeza de que estava curada. No mesmo instante Jesus sentiu que dele havia saído poder. Então virou-se no meio da multidão e perguntou:

— Quem foi que tocou na minha capa?

Os discípulos responderam:

— O senhor está vendo como esta gente o está apertando de todos os lados e ainda pergunta isso?

Mas Jesus ficou olhando em volta para ver quem tinha feito aquilo. Então a mulher, sabendo o que lhe havia acontecido, atirou-se aos pés dele, tremendo de medo, e contou tudo. E Jesus disse:

— Minha filha, você sarou porque teve fé. Vá em paz; você está livre do seu sofrimento.   *Marcos 5.25-34*

*Deus abençoará você com coragem para levar a sério as suas próprias necessidades. Jesus revelou que Deus quer dar a você tudo de bom. Jesus disse:*

— Imaginem que um de vocês vá à casa de um amigo, à meia-noite, e lhe diga: "Amigo, me empreste três pães. É que um amigo meu acaba de chegar de viagem, e eu não tenho nada para lhe oferecer."

— E imaginem que o amigo responda lá de dentro: "Não me amole! A porta já está trancada, e eu e os meus filhos estamos deitados. Não posso me levantar para lhe dar os pães."

Jesus disse:

— Eu afirmo a vocês que pode ser que ele não se levante porque é amigo dele, mas certamente se levantará por causa da insistência dele e lhe dará tudo o que ele precisar. Por isso eu digo: peçam e vocês receberão; procurem e vocês acharão; batam, e a porta será aberta para vocês. Porque todos aqueles que pedem recebem; aqueles que procuram acham; e a porta será aberta para quem bate. Por acaso algum de vocês será capaz de dar uma cobra ao seu filho, quando ele pede um peixe? Ou, se o filho pedir um ovo, vai lhe dar um escorpião? Vocês, mesmo sendo maus, sabem dar coisas boas aos seus filhos. Quanto mais o Pai, que está no céu, dará o Espírito Santo aos que lhe pedirem!

Lucas 11.5b-13

**Pare e pergunte a si mesmo...**

*O que eu quero pedir a Deus a fim de ajudar-me a reconstruir minha vida?*

## Deus sempre age para o bem daqueles que o amam

*Mesmo quando você está muito infeliz e machucado, Deus lhe dá a certeza de esperança especial e eterna. O Senhor conhece a sua dor e o seu sofrimento. Você pode estar sempre certo de que Deus o ama e o trata com carinho e, assim, lhe dará o descanso. Deus o escolheu por um motivo especial. Mesmo em meio à violência, esteja certo de que Deus está sempre agindo para o seu bem-estar.*

Eu penso que o que sofremos durante a nossa vida não pode ser comparado, de modo nenhum, com a glória que nos será revelada no futuro. O Universo todo espera com muita impaciência o momento em que Deus vai revelar o que os seus filhos realmente são. Pois o Universo se tornou inútil, não pela sua própria vontade, mas porque Deus quis que fosse assim. Porém existe esta esperança: Um dia o próprio Universo ficará livre do poder destruidor que o mantém escravo e tomará parte na gloriosa liberdade dos filhos de Deus. Pois sabemos que até agora o Universo todo geme e sofre como uma mulher que está em trabalho de parto. E não somente o Universo, mas nós, que temos o Espírito Santo como o primeiro presente que recebemos de Deus, nós também gememos dentro de nós mesmos enquanto esperamos que Deus faça com que sejamos seus filhos e nos liberte completamente. Pois foi por meio da esperança que fomos salvos. Mas, se já estamos vendo aquilo que esperamos, então isso não é mais uma esperança. Pois quem é que fica esperando por alguma coisa que está vendo? Porém, se estamos esperando alguma coisa que ainda não podemos ver, então esperamos com paciência.

Pois sabemos que todas as coisas trabalham juntas para o bem daqueles que amam a Deus, daqueles a quem ele chamou de acordo com o seu plano. Porque aqueles que já tinham sido escolhidos por Deus ele também separou a fim de se tornarem parecidos com o seu Filho. *Romanos 8.18-25,28-29a*

### Pare e pergunte a si mesmo...
*Posso ter a esperança de que Deus realizará todas as coisas para o bem? Posso orar para que o propósito de Deus para a minha vida seja revelado?*

### Confie nas promessas de Deus
*Jesus disse:*
— Felizes as pessoas que sabem que são
  espiritualmente pobres,
pois o Reino do Céu é delas.

— Felizes as pessoas que sofrem perseguições
  por fazerem a vontade de Deus,
pois o Reino do Céu é delas. *Mateus 5.3,10*

### Pare e pergunte a si mesmo...
*Como posso confiar que as promessas de Deus se aplicam a mim?*

*Ao falar com seus discípulos, Jesus disse que o sofrimento daria lugar à alegria. Quando começar a reconstruir a sua vida, encontre esperança nas palavras de Jesus e na promessa feita por ele.*

Quando uma mulher está para dar à luz, ela fica triste porque chegou a sua hora de sofrer. Mas, depois que a criança nasce, a mulher fica tão alegre, que nem lembra mais do seu sofrimento. Assim acontece também com vocês: agora estão tristes, mas eu os verei novamente. Aí vocês ficarão cheios de alegria, e ninguém poderá tirar essa alegria de vocês.

— Quando chegar aquele dia, vocês não me pedirão nada. E eu afirmo a vocês que isto é verdade: se vocês pedirem ao Pai alguma coisa em meu nome, ele lhes dará. Até agora vocês não pediram nada em meu nome; peçam e receberão para que a alegria de vocês seja completa. *João 16.21-24*

## Capítulo 7
# ACEITAÇÃO E PAZ

### "Ó Deus, eu te louvo!"

*Você pode louvar o Senhor! O verdadeiro desejo do Pai é a aceitação da vida como um presente de Deus. Deus promete abençoar você em sua luta para se curar das feridas físicas e emocionais. Enquanto caminha pela longa e difícil estrada para a segurança e a nova vida, Deus, com amor, caminha ao seu lado. Deus está em ação para dar-lhe forças para confiar e receber o amor de Deus e o amor das outras pessoas colocadas na sua vida para fazer a vontade de Deus contra o abuso do inimigo.*

*A dádiva espiritual da paz interior será sua quando orar pela orientação de Deus e buscar, ativamente, a ajuda para romper o ciclo do abuso e exigir o fim da violência. Você será cada vez mais beneficiado com o conhecimento das bênçãos eternas de Deus.*

### O amor de Deus é eterno

*Deus tem um amor infinito para com você e age sempre com bondade.*

> Ó Senhor Deus, eu te louvo
>    porque me socorreste
> e não deixaste que os meus inimigos
>    zombassem de mim.
> Ó Senhor, meu Deus,
>    eu gritei pedindo ajuda,
> e tu me curaste,
> tu me salvaste da morte.
> Eu estava entre aqueles que iam
>    para o mundo dos mortos,
> mas tu me fizeste viver novamente.
> Cantem louvor a Deus, o Senhor,
> vocês, o seu povo fiel!

> Lembrem do que o Santo Deus tem feito
> e lhe deem graças.
> A sua ira dura só um momento,
> mas a sua bondade
>     é para a vida toda.
> O choro pode durar a noite inteira,
> mas de manhã vem a alegria.
>
> *Salmo 30.1-5*

**Pare e pergunte a si mesmo...**

*Eu vejo mudanças na minha situação? Quais mudanças positivas consigo ver em mim? Estou mais otimista? Tenho mais confiança? Como Deus tem me fortalecido e me sustentado?*

## O Reino de Deus é eterno

> O teu Reino é eterno,
> e tu és Rei para sempre.
>
> O Senhor Deus sempre cumpre
>     o que promete;
> ele é fiel em tudo o que faz.
> Ele ajuda os que estão em dificuldade
> e levanta os que caem.
> Todos os seres vivos olham para ele
>     com esperança,
> e ele dá alimento a todos
>     no tempo certo.
> Quando os alimenta, o Senhor Deus
>     é generoso;
> ele satisfaz a todos os seres vivos.
> O Senhor é justo em todos os seus atos
> e fiel em tudo o que faz.
> Ele está perto de todos os que pedem
>     a sua ajuda,
> dos que pedem com sinceridade.

A todos os que o temem
   dá o que é necessário;
ele ouve os seus gritos
   e os salva da morte.
O SENHOR protege os que o amam,
mas destruirá todos os maus.

Eu sempre louvarei o SENHOR.
Que todos os seres vivos
   louvem o Santo Deus para sempre!

*Salmo 145.13-21*

### Pare e pergunte a si mesmo...

*Posso ver as bênçãos que Deus tem me dado? Posso ver o amor do Senhor reconstruir a minha vida?*

### As bênçãos de Deus são eternas

*Você pode louvar o grandioso nome do Senhor, pois será entronizado com glória e honra por crer na promessa de Deus. Maria foi escolhida para ser mãe de Jesus e foi abençoada porque permitiu que o propósito santo de Deus se cumprisse em sua vida.*

*Maria disse:*
Então Maria disse:

— A minha alma anuncia
   a grandeza do Senhor.
O meu espírito está alegre
   por causa de Deus,
      o meu Salvador.
Pois ele lembrou de mim,
   sua humilde serva!
De agora em diante
   todos vão me chamar
   de mulher abençoada,

porque o Deus Poderoso
>fez grandes coisas por mim.
O seu nome é santo,
e ele mostra a sua bondade
>a todos os que o temem
em todas as gerações.
Deus levanta a sua mão poderosa
e derrota os orgulhosos
>com todos os planos deles.
Derruba dos seus tronos
>reis poderosos
e põe os humildes
>em altas posições.
Dá fartura aos que têm fome
e manda os ricos embora
>com as mãos vazias.
Ele cumpriu as promessas
>que fez aos nossos antepassados
e ajudou o povo de Israel, seu servo.
Lembrou de mostrar a sua bondade a Abraão
e a todos os seus descendentes,
>para sempre.

*Lucas 1.46-55*

## A esperança e a paz de Deus são eternas
*Jesus lhe dá a preciosa esperança e paz do Senhor.*

E assim nós, que encontramos segurança nele, nos sentimos muito encorajados a nos manter firmes na esperança que nos foi dada. Essa esperança mantém segura e firme a nossa vida, assim como a âncora mantém seguro o barco. Ela passa pela cortina do templo do céu e entra no Lugar Santíssimo celestial. Foi lá que, para o nosso bem, Jesus entrou antes de nós. E ele se tornou para sempre o Grande Sacerdote, na ordem do sacerdócio de Melquisedeque.

*Hebreus 6.18b-20*

*Jesus disse:*
— Deixo com vocês a paz. É a minha paz que eu lhes dou; não lhes dou a paz como o mundo a dá. Não fiquem aflitos, nem tenham medo.   *João 14.27*

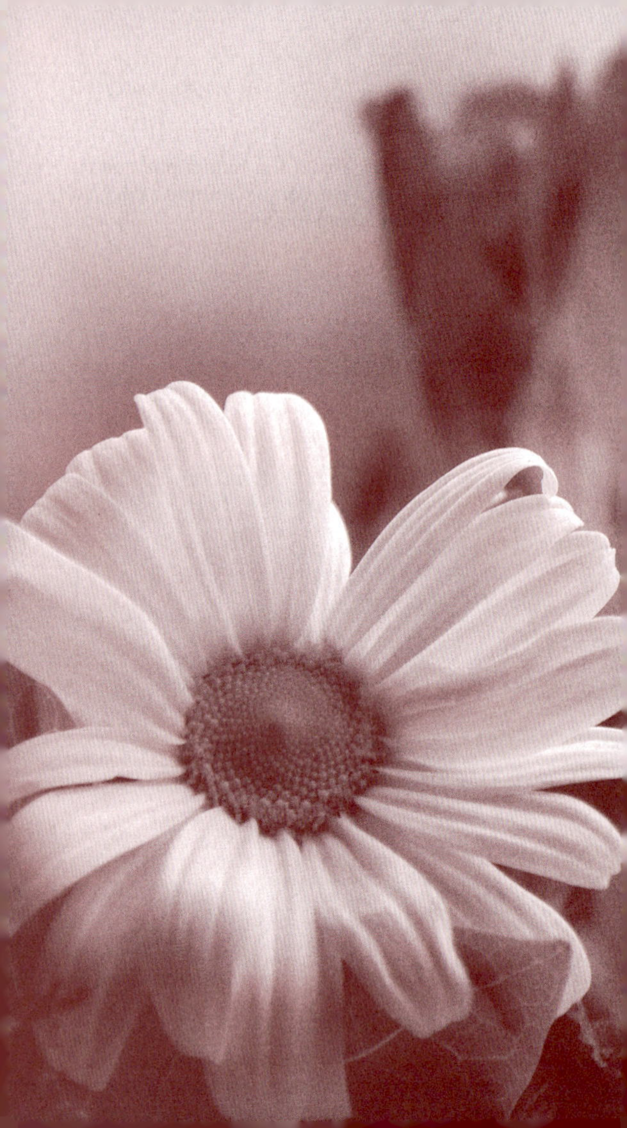

# Uma bênção para você

"Que o Senhor os abençoe e os guarde;
que o Senhor os trate com bondade
  e misericórdia;
que o Senhor olhe para vocês com amor
  e lhes dê a paz." *Números 6.24-26*

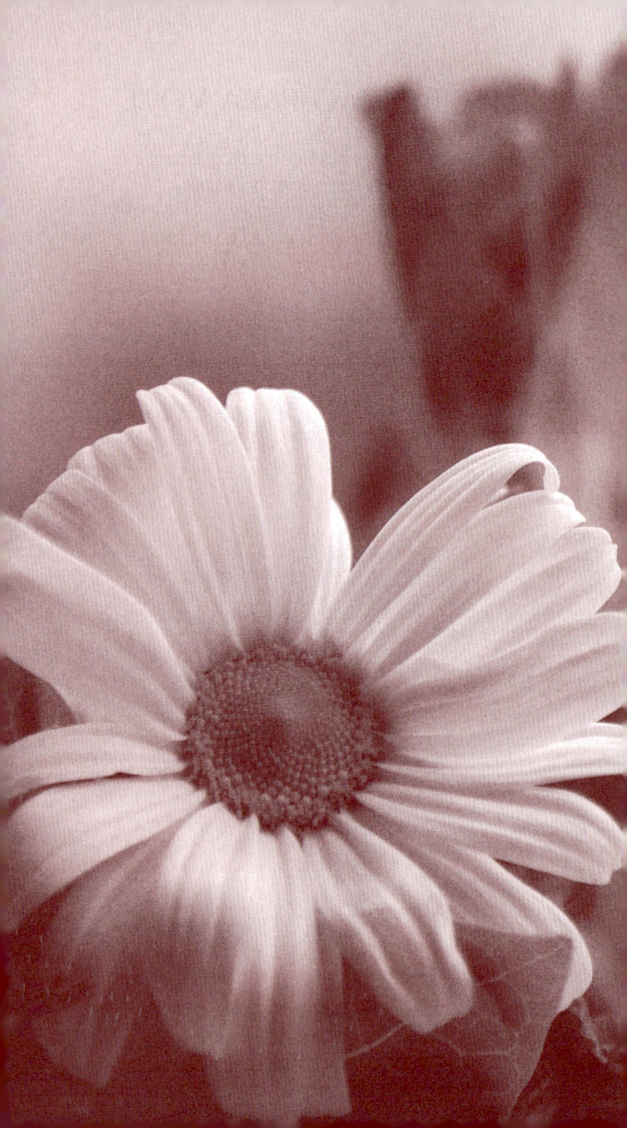

# Índice de textos bíblicos

## Antigo Testamento

**Êxodo**
15.2,11-13 ........................ 53

**Números**
6.24-26 ............................. 67

**Deuteronômio**
30.15-18,19b-20 .............. 20

**Jó**
7.1-6,11 ............................ 17
21.7,9,14-16 .................... 35
36.2b-6 ............................ 15

**Salmos**
7.1-4,6,8-11 ..................... 34
10.14,18a .......................... 6
13 ..................................... 18
16.7-9,11 .......................... 51
22.1-2 ............................... 25
23 ..................................... 27
25.1-5 ............................... 12
27.1-3,7-9 ......................... 26
30.1-5 ............................... 62
32.7-8 ............................... 56
35.22-28 ........................... 38
38.6-10 ............................. 43
42.1-3 ............................... 42
43 ..................................... 46
46.1-7a ............................. 21
55.1-8,12-13,20-21a ........ 10
62.3a,5-7 .......................... 48
70 ..................................... 47
77.1-4,6-9,11-14 .............. 24
97.6,10 ............................. 24
103.6-8,11-12 .................. 40
116.3-4,8-11,15-16 .......... 44
121 ................................... 54
139.1-16,13-18 ................ 30
139.19-24 ........................ 36
143.4-8 ............................. 45
145.13-21 ........................ 63

**Isaías**
40.29-31 ........................... 55
41.10-13 ........................... 28
49.15 ................................ 28

**Lamentações**
3.17-20 ............................. 41
3.21-24 ............................. 49

## NOVO TESTAMENTO

*Mateus*
*5.3,10* ............................ *59*
*6.9-13* ............................ *40*
*27.45-46* ........................ *25*

*Marcos*
*5.25-34* .......................... *57*
*11.15-18* ........................ *32*
*12.28-31* ........................ *33*
*14.43-46* ........................ *11*
*15.16-20* ........................ *11*

*Lucas*
*1.46-55* .......................... *64*
*4.16-21* .......................... *19*
*11.5b-13* ........................ *58*
*13.10-17* ........................ *32*
*18.1-8* ............................ *37*

*João*
*9.1-7* .............................. *16*
*10.7-10* .......................... *20*
*14.27* ............................. *65*
*16.21-24* ........................ *60*

*Romanos*
*8.18-25,28-29a* .............. *59*
*8.31-35,37-39* ................ *52*
*12.19* ............................. *39*

*1Coríntios*
*3.16-17* .......................... *13*
*6.19-20* .......................... *33*

*Efésios*
*1.3-10* ............................ *14*
*4.26* ............................... *39*

*Filipenses*
*4.12-13* .......................... *55*

*Hebreus*
*6.18b-20* ........................ *64*

*1Pedro*
*1.19-22a* ........................ *14*

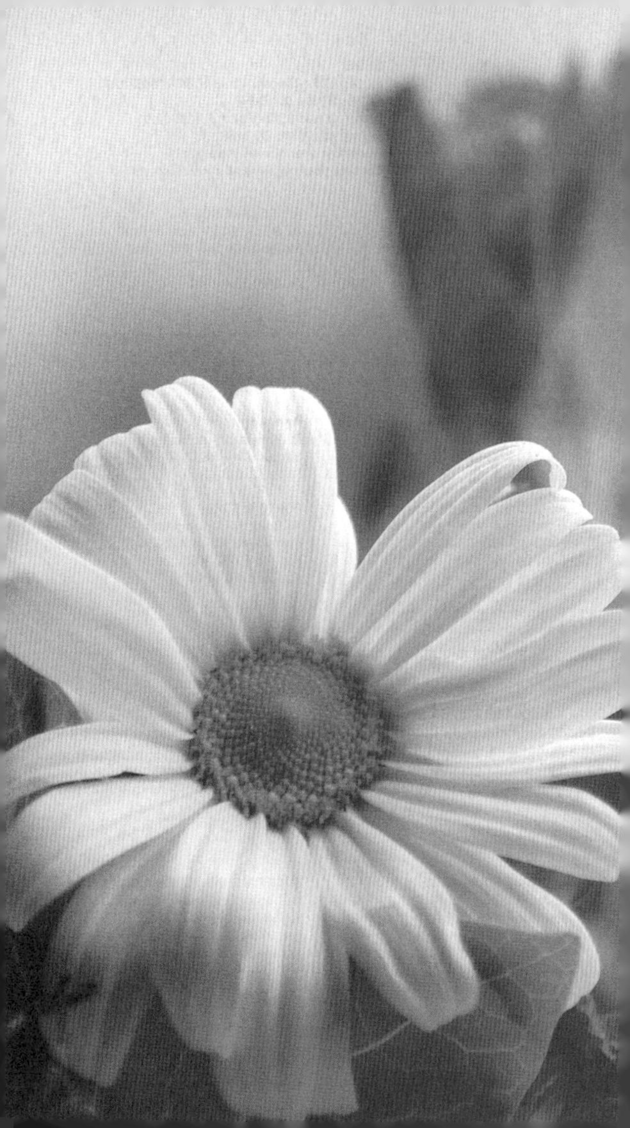

## Sociedade Bíblica do Brasil

**SEDE**
Av. Ceci, 706 – Tamboré – Barueri, SP – 06460-120
Cx. Postal 330 – 06453-970
Fone: (11) 4195-9590 – Fax: (11) 4195-9591
**Ligue grátis:** 0800-727-8888
Visite nosso portal: www.sbb.org.br
Conheça nossa loja virtual: www.sbb.com.br

**BELÉM**
Av. Assis de Vasconcelos, 356
Campina – Belém, PA – 66010-010
Fone: (91) 3202-1350 / 3202-1363

**BELO HORIZONTE**
R. Ponte Nova, 287 – Colégio Batista
Belo Horizonte, MG – 31110-150
Fone: (31) 3343-9100

**BRASÍLIA**
SGAN 603E – Edifício da Bíblia
Brasília, DF – 70830-105
Fone: (61) 3218-1948
Fax: (61) 3218-1907

**CURITIBA**
Av. Marechal Floriano Peixoto, 2.952
Parolin – Curitiba, PR – 80220-000
Fone: (41) 3021-8400
Fax: (41) 3021-8399

**RECIFE**
R. Treze de maio, 586 – Galpão C
Santo Amaro – Recife, PE – 50100-160
Fone/Fax: (81) 3092-1900

**RIO DE JANEIRO**
Av. Brasil, 12.133 – Braz de Pina
Rio de Janeiro, RJ – 21012-351
Fone: (21) 3203-1999
Fax: (21) 3203-1950

**SÃO PAULO**
Av. Tiradentes, 1.441 – Ponte Pequena
São Paulo, SP – 01102-010
Fone: (11) 3245-8999
Fax: (11) 3245-8998

**MANAUS**
R. Teresina, 80 – Adrianópolis
Manaus, AM – 69057-070
Fone: (92) 3131-3400

**PORTO ALEGRE**
Av. Brasil, 944 – Navegantes
Porto Alegre, RS – 90230-060
Fone: (51) 3272-9000
Fax: (51) 3272-9004

**NÚCLEO SBB DE ATENDIMENTO SOCIAL**
Av. Sargento José Siqueira, 164
Jardim Paraíso – Barueri, SP
Cep: 06412-180
Fone: (11) 4280-1732 / 4280-1730

**MUSEU DA BÍBLIA**
Av. Pastor Sebastião Davino dos Reis, 672
Vila Porto – Barueri, SP – 06414-007
Fone: (11) 4168-6225 / 4168-5849

**SOCIEDADE BÍBLICA DE PORTUGAL**
R. José Estêvão, 4-B – 1150-202 – LISBOA
Apartado 1616 – 1016-001 – LISBOA
Fone: 213 545 534 – Fax: 213 527 793
info@sociedade-biblica.pt
www.sociedade-biblica.pt

**SOCIEDADE BÍBLICA DE MOÇAMBIQUE**
Av. Emília Dausse, 527 – MAPUTO
Fone: 21-427291 – Fax: 21-301644
sbmoz@tvcabo.co.mz

**SOCIEDADE BÍBLICA EM ANGOLA**
Av. Comandante Valódia, 114-A – LUANDA
Fone: 00244 222 44 47 17
Fax: 00244 222 44 33 21
sba.execusecret@netcabo.co.ao